• Gilbert Delahaye - Marc

Picolo le poussin curieux

casterman

— Qu'est-ce que ça veut dire " Cocorico "? demande Picolo, le petit poussin curieux.

— Ça veut dire que c'est le matin, répond le coq.

— Qu'est-ce que c'est le matin?

— Eh bien... c'est l'heure où le soleil se lève.

— Pourquoi se lève-t-il, le soleil?

— Parce que c'est la fin de la nuit et qu'après la nuit, il fait jour, pardi!

— Qu'est-ce que tu fais dans les capucines? demande Picolo en poursuivant une abeille.

— Je cherche du pollen.

— Et après?

— J'irai le porter dans la ruche.

— Et après?

— J'en ferai du miel pour l'hiver.

— Et après?

— Petit poussin curieux, est-ce que tu veux que je te pique?... Est-ce que tu veux, oui?

Tiens, voilà un petit grain de blé.

— D'où viens-tu?

— Je me suis perdu. J'étais dans le champ de l'autre côté de la ferme où sont les moineaux et les perdrix. Le fermier est arrivé...

— Et ensuite?

— Je ne sais plus. J'étais dans le grenier et je suis tombé à travers le plancher.

— C'est toi Minet le chat? demande le petit poussin curieux.

— Oui, c'est moi... Et alors?

— Je voudrais savoir pourquoi tu n'es pas dans la grange avec les souris?

— En voilà une question. Et toi, pourquoi n'es-tu pas dans le poulailler avec la mère poule? Ou bien dans la cour à manger le riz de la fermière?

— Parce que je voudrais voir ce qu'il y a dans la cuisine.

Donc Picolo entre dans la cuisine :
— Y a-t-il quelqu'un?
— Oui, moi, le petit chien.
— Et ça, qu'est-ce que c'est?
— C'est une pelote de laine.
— Pour quoi faire?
— Pour jouer avec, tiens.

— Tu tires là, par le bout qui dépasse, dit le petit chien.

— Et puis?

— Tu cours avec dans tous les coins. Tu passes par dessous la table. Tu fais le tour de la chaise. Et ça roule, ça roule.

— Qu'est-ce que ça veut dire " ça roule "?

— Ça veut dire que ça se défait, ça se tourne, ça fait des nœuds. Plus tu tires, plus ça s'embrouille.

— Veux-tu que je te fasse voir autre chose? demande le petit chien à l'oreille de Picolo.

— Oh oui. Est-ce que c'est amusant?

— Ça dépend... Chut. Il ne faut pas faire de bruit. La fermière n'est pas loin... Regarde... C'est une attrape à souris. Là, il y a un ressort. Ici, un petit morceau de fromage... Attention! N'y touche pas.

Clic, clac, l'attrape à souris vient de se refermer.

— Au secours, au secours!

Picolo traverse la cour à toute vitesse.

— Sauve qui peut! crient les canetons.

— En voilà une histoire, gloussent les dindons.

— C'est à cause du petit chien! fait Picolo. Il m'a dit : " Je vais te faire voir une attrape à souris "... Je me suis enfui juste au moment où elle se refermait.

Tout volant, tout courant, Picolo entre dans le potager. Là, une citrouille mûrit au soleil.

— Est-ce que c'est un œuf? demande Picolo.

— C'est une citrouille, répond la coccinelle.

— Comment ça marche?

— Ça ne marche pas. Tu mets une graine dans la terre et puis ça grandit, ça grandit...

Passe une chenille qui rampe sur la feuille.

— Est-ce que tu voles? demande Picolo.

— Non, mais c'est pour bientôt.

— Où sont tes ailes?

— Dans le dos.

— Montre un peu?

— Tu ne me crois pas? Tu veux que je me mette en colère? Tu verras comme je volerai quand je serai papillon. Et toi, tu ne seras qu'un petit poulet avec des plumes!

— Une, deux, trois... Hop là!

C'est le criquet qui s'amuse à sauter dans l'herbe.

— Pourquoi danses-tu? demande Picolo le petit poussin curieux, en levant la tête.

— Parce que c'est mon métier. Mon cousin était équilibriste dans les jardins du roi.

— Tu ne vois pas qu'il se moque de toi? dit la fourmi.

— Qu'y a-t-il par ici?

— Par ici, par ici, fait l'écho dans le fond de l'arrosoir.

— Qui a parlé?

— A parlé, a parlé.

Picolo se penche pour voir qui a bien pu l'appeler dans le trou de l'arrosoir.

— Attention! Tu vas tomber, dit la libellule en agitant ses ailes.

Et voilà Picolo tout au fond de l'arrosoir.

— A l'aide! A l'aide! crie Picolo.

Biquette, la chèvre, passait par là. D'un coup de tête, elle renverse l'arrosoir. Heureusement qu'il était vide.

— Qu'est-ce que tu as sur le front? demande Picolo en reprenant haleine.

— Ce sont des cornes pour intriguer les petits poussins curieux, dit la chèvre en agitant sa barbichette.

Le petit poussin poursuit sa route. Il rencontre un escargot.

— Où vas-tu? lui demande Picolo.

— Eh bien... je pars en voyage.

— Et que portes-tu sur ton dos?

— Peut-être mes bagages.

— Tu n'as pas l'air pressé du tout.

— Pas le moins du monde... Sur ce, adieu... Et prends garde aux petits canards.

L'escargot avait raison : il faut toujours se méfier des petits canards. Surtout quand ils sont dans la rivière.

— Picolo, Picolo, viens voir ce qu'il y a dans l'eau !

— Ça doit être une grenouille.

— Non, c'est un poisson rouge.

— Viens voir sur le bout de la planche.

Un coup de vent. Plouf, Picolo tombe dans la rivière.

— Venez vite, crient les canards, le petit poussin est tombé dans l'eau!

Tout près de là, pêchait un petit garçon. Il accourt avec son épuisette. Il sauve le petit poussin. Il l'emporte dans son chapeau jusqu'à la ferme :

— C'est à vous le petit poussin?

— Oui, c'est Picolo, le petit poussin curieux. Je me demandais justement où il était passé.

Après s'être séché au soleil, Picolo retourne dans le poulailler. Et là, il rencontre, devinez quoi? Un petit poussin qui lui ressemble comme son frère :

— Comment t'appelles-tu?

— Je m'appelle Picota.

— Et moi, Picolo. Si tu veux, nous serons des amis tous les deux. Allons voir ce qui se passe dans la cour.

Et c'est ainsi que le petit poussin curieux s'en alla vers de nouvelles aventures.

http://www.casterman.com

ISBN 2-203-10559-3

Imprimé en Italie. Dépôt légal: 1ᵉ sem 2000; D. 2000/0053/46.
Déposé au ministère de la justice, Paris (loi n° 49.956 du 16 juillet 1949 sur les publications destinées à la jeunesse).